Renate Sültz & Uwe H. Sültz

AF188655

Mein Tagebuch

für 2018

Mein Name:

BoD - Books on Demand

Norderstedt 2017

Bibliografische Information durch die Deutsche Nationalbibliothek

Die Deutsche Nationalbibliothek verzeichnet diese Publikation in der Deutschen Nationalbibliografie; detaillierte bibliografische Daten sind im Internet über http://dnb.dnb.de abrufbar.

© 2017 Renate Sültz & Uwe H. Sültz

Herstellung und Verlag: BoD – Books on Demand, Norderstedt

ISBN 9-78374-6-01070-0

Mein Tag...

Datum:

Mein Tag...

Datum:

Mein Tag...

Datum:

Mein Tag...

Datum:

Mein Tag...

Datum:

Mein Tag...

Datum:

Mein Tag...

Datum:

Mein Tag...

Datum:

Mein Tag...

Datum:

Mein Tag...

Datum:

Mein Tag...

Datum:

Mein Tag...

Datum:

Mein Tag...

Datum:

Mein Tag...

Datum:

Mein Tag...

Datum:

Mein Tag...

Datum:

Mein Tag...

Datum:

Mein Tag...

Datum:

Mein Tag...

Datum:

Mein Tag...

Datum:

Mein Tag...

Datum:

Mein Tag...

Datum:

Mein Tag...

Datum:

Mein Tag...

Datum:

Mein Tag...

Datum:

Mein Tag...

Datum:

Mein Tag...

Datum:

Mein Tag...

Datum:

Mein Tag...

Datum:

Mein Tag...

Datum:

Mein Tag...

Datum:

Mein Tag...

Datum:

Mein Tag...

Datum:

Mein Tag...

Datum:

Mein Tag...

Datum:

Mein Tag...

Datum:

Mein Tag...

Datum:

Mein Tag...

Datum:

Mein Tag...

Datum:

Mein Tag...

Datum:

Mein Tag...

Datum:

Mein Tag...

Datum:

Mein Tag...

Datum:

Mein Tag...

Datum:

Mein Tag...

Datum:

Mein Tag...

Datum:

Mein Tag...

Datum:

Mein Tag...

Datum:

Mein Tag...

Datum:

Mein Tag...

Datum:

Mein Tag...

Datum:

Mein Tag...

Datum:

Mein Tag...

Datum:

Mein Tag...

Datum:

Mein Tag...

Datum:

Mein Tag...

Datum:

Mein Tag...

Datum:

Mein Tag...

Datum:

Mein Tag...

Datum:

Mein Tag...

Datum:

Mein Tag...

Datum:

Mein Tag...

Datum:

Mein Tag...   Datum:

Mein Tag...

Datum:

Mein Tag...

Datum:

Mein Tag...

Datum:

Mein Tag...

Datum:

Mein Tag...

Datum:

Mein Tag...

Datum:

Mein Tag...

Datum:

Mein Tag...   Datum:

Mein Tag...

Datum:

Mein Tag...

Datum:

Mein Tag...

Datum:

Mein Tag...

Datum:

Mein Tag...

Datum:

Mein Tag...

Datum:

Mein Tag...

Datum:

Mein Tag...

Datum:

Mein Tag...

Datum:

Mein Tag...

Datum:

Mein Tag...

Datum:

Mein Tag...

Datum:

Mein Tag...

Datum:

Mein Tag...

Datum:

Mein Tag...

Datum:

Mein Tag...

Datum:

Mein Tag...

Datum:

Mein Tag...

Datum:

Mein Tag...

Datum:

Mein Tag...

Datum:

Mein Tag...

Datum:

Mein Tag...

Datum:

Mein Tag...

Datum:

Mein Tag...

Datum:

Mein Tag...

Datum:

Mein Tag...

Datum:

Mein Tag...

Datum:

Mein Tag...

Datum:

Mein Tag...

Datum:

Mein Tag...

Datum:

Mein Tag...

Datum:

Mein Tag...

Datum:

Mein Tag...

Datum:

Mein Tag...

Datum:

Mein Tag...

Datum:

Mein Tag...

Datum:

Mein Tag...

Datum:

Mein Tag...

Datum:

Mein Tag...

Datum:

Mein Tag...

Datum:

Mein Tag...

Datum:

Mein Tag...

Datum:

Mein Tag...

Datum:

Mein Tag...   Datum:

Mein Tag...

Datum:

Mein Tag...

Datum:

Mein Tag...

Datum:

Mein Tag...   Datum:

Mein Tag...

Datum:

Mein Tag...

Datum:

Mein Tag...

Datum: